Michael Debus

# Anthroposophie und die Erneuerung der christlichen Kirche

Michael Debus

# Anthropposophie und die Erneuerung der christlichen Kirche

Urachhaus

CIP-Titelaufnahme der Deutschen Bibliothek

*Debus, Michael*
Anthropos ophie und die Erneuerung der christlichen Kirche/
Michael Debus. - Stuttgart : Urachhaus, 1989
ISBN 3-87838-610-9

ISBN 3 87838 610 9


Umschlaggestaltung Hans Joachim, Stuttgart
Satz und Druck der Offizin Chr. Scheufele, Stuttgart

# Inhalt

# Vorbemerkung

Zu untersuchen , inwiefern die christliche Kirche aus dem Wesen der vorchristlichen Mysterien durch das Mysterium von Golgatha organisch hervorgeht, ist das Anliegen dieser Schrift. Das wird zugleich die Frage hervorrufen, wie die Kirche mit den christlichen Mysterien zusammenhängt, die ja ebenfalls aus den vorchristlichen Mysterien hervorgewachsen sind. Für das 20. Jahrhundert führt diese Frage einerseits auf die Anthroposophie, die als Erneuerung der christlichen Mysterien verstanden werden kann; andererseits fällt der Blick auf die Christengemeinschaft als der Trägerin der für unsere Zeit notwendigen Erneuerung des religiösen Lebens im Sinne einer zeitgemäßen Kirche. Der Zusammenhang der Anthroposophie mit der Christengemeinschaft ist so auf der einen Seite durch den gemeinsamen Mysterienhintergrund gegeben, auf der anderen Seite aber durch die Differenzierung in einen individuellen Erkenntnisweg, der der anthroposophische ist, und einen geistigen Erfahrungsweg innerhalb einer Gemeinschaft. Dieser Gemeinschaftsweg, wie er für die Christengemeinschaft charakteristisch ist, ist daraufhin zu befragen, inwieweit das Mysterienelement der »Erkenntnis« in der für unsere Zeit gültigen Form auch für ihn wesentlich ist.

Der Ausgangspunkt für diese Untersuchungen ist Rudolf Steiners 1902 erschienene Schrift »Das Christentum als mystische Tatsache«. Es gibt Grundwerke der Anthroposophie, die Keimcharakter haben, das heißt, daß in der äußeren Knappheit ihrer Stilisierung zugleich die allergrößte inhaltliche Reichweite liegt. Auf sie pflegte Rudolf Steiner stets hinzuweisen, wenn er im Zuge der Ausgestaltung der Anthroposophie Themen behandelte, die in solchen Keimwerken bereits »Grund-legend« ausgeführt worden sind. Ein solches Werk ist das genannte, das zugleich auch Rudolf Steiners erste Darstellung des Christentums im Sinne der anthroposophischen Geisteswissenschaft ist. Eine andere wichtige Grundlage für die nachfolgenden Ausführungen findet sich in den sogenannten erkenntnistheoretischen Grundschriften Rudolf Steiners, die alle vor der Jahrhundertwende erschienen sind, insbesondere in den »Grundlinien einer Erkenntnistheorie der Goetheschen Weltanschauung«, »Wahrheit und Wissenschaft« und der »Philosophie der Freiheit«. Hier ist der Erkenntnisprozeß, wie er sich bei Menschen unserer Zeit vollzieht, so anschaubar gemacht, daß sein eigentliches Wesen als Mysterienvorgang vorstellbar wird.

Beim Leser wird ein gewisses Vertrautsein mit der Anthroposophie und ihren Erkenntnisgrundlagen vorausgesetzt, auch Kenntnisse in der anthroposophischen Terminologie. Die Christengemeinschaft wirkt zwar aus der ihr eingestifteten spirituellen Substanz heraus so, daß *jeder* an ihrem Leben Anteil nehmen und ihre Wirksamkeit im eigenen Schicksal und Leben erfahren kann; ihr inneres Wesen aber zu *verstehen*, ist eine Erkenntnisaufgabe, die aus der Anthroposophie heraus gelöst werden muß.

# Die Kirche

## *Der Ursprung der Kirche*

Der Zusammenhang des Erdenmenschen mit der göttlichen Welt, der im fortschreitenden Prozeß des Sündenfalls immer mehr verloren geht, konnte in der vorchristlichen Zeit für einzelne »auserwählte« Menschen durch eine bestimmte Schulung und den damit verbundenen Prozeduren innerhalb der sogenannten »Mysterien« hergestellt, besser: *wieder* hergestellt werden. Die auf solche Weise »Eingeweihten« waren dann den anderen Menschen, dem »Volk« gegenüber, zu sozialen und geistigen Führungsaufgaben berufen, wie etwa die ägyptischen Pharaonen. Alles geistige, wirtschaftliche und politische Leben der vorchristlichen Zeit beruhte letztlich auf der Wirksamkeit der Mysterien, aber auch auf der radikalen Trennung der Menschheit in führende Eingeweihte verschiedener Grade und die Menge des geführten Volkes.

Wesentlich bei der Mysterienschulung war die Hinorientierung auf den *Einzelnen*. Er mußte die individuellen Voraussetzungen mitbringen, die zu einer Berufung (durch die Abgesandten der Mysterientempel) führen konnten; er mußte allein und für sich die Prüfungen durchleben, die auf dem Schulungsweg an ihn herankamen und die ihn schließlich zum Ziel führten – oder eben nicht. Gewiß, das Element der selbständigen *Persönlich-*

*keit,* das wir heute in jedem Menschen erwarten, eignete dem damaligen »Mysten« noch nicht: Er war ganz und gar ein Geführter. Gleichwohl beschritt er einen Weg, den er als Einzelner zu gehen hatte.

Dieses uralte, auf die atlantischen Zeiten zurückgehende Mysterienwesen kam in dieser Form mit dem Heraufkommen des Christentums an ein Ende. Nicht die Mysterien als solche verloren ihre Wirksamkeit, sondern die Form, in der die Menschenseele auf Erden den Zusammenhang mit der göttlichen Heimat finden konnte, erfuhr einen vollständigen und radikalen Umbruch, aus dem die christliche Kirche hervorging: was vorher innerhalb der Mysterien eine Angelegenheit des Einzelnen war, wurde nun ein Vorgang der *Gemeinschaft.* »Es hat sich also mit dem ›Mysterium von Golgatha‹ auf die christliche Gemeinde das ausgegossen, was sich früher innerhalb des Mysterientempels über die Mysten ausgegossen hat.«[1] Die christliche Gemeinde als Ganze tritt also an die Stelle des einzelnen Mysten. Daher kann der damit angedeutete Vorgang als eine *Einweihung der Gemeinde* bezeichnet werden, eine Gemeinschafts-Initiation. In diesem Übergang des Mysterienwesens vom Einzelnen auf die Gemeinschaft erscheint das zeitlose Urbild der christlichen Kirche. Das gilt auch noch im 20. Jahrhundert, nennt doch Rudolf Steiner den Begründern der Christengemeinschaft als Ausgangspunkt: »Die Gemeinschaftsbildung ist die Grundlage.«

## *Der Leib der Kirche*

Die Gemeinschaftsbildung der Kirche vollzieht sich als gemeinsame Erinnerung, besser: Vergegenwärtigung der Ereignisse des Christuslebens, die zugleich als zeitlose Urtatsachen auf dem Weg jedes Einzelnen zum »Ich« erfahren werden. Von Anfang an gab es diejenigen Menschen, die von diesen Ereignissen sprechen konnten, und jene, die hörend entgegennahmen und »glaubten«. Hier liegt der eigentliche Ursprung des Evangeliums. Was zwischen den Aposteln und ihren Zuhörern lebte, war mehr als nur Bericht der Augenzeugen. Die Ereignisse wurden für die, die »hören« konnten, zu einer unmittelbaren Wirklichkeit, an der sie selbst durch eine höhere Art von Erfahrung Anteil hatten. Sie *sahen* tatsächlich, was die Apostel schilderten, sie *hörten*, wie der Vergegenwärtigte zu ihnen sprach, sie fühlten sich *berührt* durch seine Taten. Was sie in dieser Weise sahen, hörten, fühlten – das war für sie nicht Täuschung oder subjektive Einbildung, sondern *geglaubte* Wirklichkeit. Der Glaube ist da seinem eigentlichen Sinn nach Bejahung und Bekräftigung einer Erfahrung, einer sinnlichen oder auch übersinnlichen. Die Gläubigen blickten also auf eine gemeinsame Erfahrung, die durch die Verkündigung der Apostel wie eine überpersönliche »Erinnerung« an die Taten des Christus in ihnen aufleuchtete. So entstand Gemeinschaft.

Die Taten Christi als eine Wirklichkeit zu erfahren, bildet die übersinnliche Substanz für den Leib der Kirche. Diese bildet sich nicht nur durch die, die aus ihren individuellen Schicksalsvoraussetzungen heraus hören können, sondern auch durch die, die dieses Evangelium verkündigen können, weil sie sich selbst zu Zeugen der Taten Christi gemacht haben. Die ersten Apostel waren unmittelbar leibliche Zeugen, auf die späteren Apostelgenerationen wurde das »Amt« durch Handauflegung übertragen. Das war in den ersten Jahrhunderten ein sehr realer Vorgang, durch den etwas von der Kraft, das Evangelium aus eigener *Anschauung* zu verkündigen, auf den Apostelschüler überströmte und ihn damit begabte, so zu sprechen, daß neue Gläubige in die Gemeinschaft aufgenommen werden konnten. Dieser Vorgang der Übertragung der geistigen Apostelvollmacht auf eine nächste geistige Generation ist der spirituelle Inhalt der *Sukzession*, die in der Handauflegung einen kultisch-realen Ausdruck hatte. Daraus ging später der Ritus der Priesterweihe hervor. Rudolf Steiner beschreibt diesen Vorgang so: »Nicht das, wozu der Geist eines jeden einzelnen lange vorbereitet werden muß, war nunmehr allein maßgebend; sondern was die gehört und gesehen haben, die um Jesus waren, und was durch sie überliefert ist. ›Was von Anfang an geschehen ist, was wir gehört, was wir mit unseren Augen gesehen, was selbst geschauet, was unsere Hände berührt haben von dem Worte des Lebens... was wir *sahen* und *hörten*, melden wir euch, damit ihr Gemeinschaft mit uns habet.‹ So heißt es in der ersten Epistel des Johannes. Und dieses unmittelbar Wirkliche soll als ein lebendiges Band alle Generationen umfassen; es soll als Kirche mystisch von Geschlecht zu Geschlecht sich weiterschlingen.«[2] Die Kirche bildet also die Kontinuität eines übersinnlichen Leibes in dem »lebendigen Band«, das als Sukzession die geistigen Generationen umfaßt, ähnlich wie in der Erbfolge der Lebewesen der Ätherleib als lebendiges Band die Generationen umfaßt.

Spricht man vom Leib der Kirche, so kann man an dieses besondere Wesen eines Ätherleibes denken. Wenn die Gemeinde bzw. die Kirche von Paulus »der Leib Christi« genannt wird (z. B. 1. Korinther 12, 12 ff.), so ist das unter diesem Aspekt nicht nur räumlich als die jeweils konkrete Gemeinde auf Erden zu verstehen, sondern insbesondere auch zeitlich, als Zeitleib, der »als ein lebendiges Band alle Generationen« umfaßt. Die Sukzession der Verkünder des Evangeliums ist also die rechtmäßige *geistige Abstammung* von den Aposteln. (Noch heute spielt in der katholischen Kirche die Sukzession durch Handauflegung, die ohne Unterbrechung der Kontinuität zurückverfolgt werden kann bis zur ersten Handauflegung durch einen Apostel, die entscheidende kirchenrechtliche Rolle in bezug auf die Frage, ob eine Priesterweihe gültig ist. Wo immer die Sukzession unterbrochen worden ist, sind nachfolgende Priesterweihen ungültig.)

Diese geistige Blutsverwandtschaft innerhalb einer Ahnenreihe, die bis zu den Aposteln reicht, kann aber nicht durch einen solchen Ätherleib begründet werden, wie er in der gewöhnlichen Blutsverwandtschaft wirksam ist. Es handelt sich hier um Zusammenhänge, die eine Frage nach der Wirksamkeit ganz neuer Ätherkräfte nahelegen. Man wird in diesem Zusammenhang daran denken, wie das Blut des Christus, das am Karfreitag vom Kreuz in die Erde floß, sich vollständig »ätherisierte« und der Christus-Impuls »als eine Substanz«,[3] als *Christus-Äther*, zu den vier »alten« Ätherarten[4] hinzutritt. Als »moralische Äther-Atmosphäre«[5] ist er mit der *Moralität* der Menschen verbunden und als neuer *Lebens*keim der Erde und der Leiblichkeit der Menschen eingestiftet.[6] Leben, das zugleich Moralität ist, weist auf die neue ätherische Leiblichkeit hin, in der die wahre Kirche erscheint. Von *diesem* lebendigen Band umfaßt zu werden, ist die recht verstandene Sukzession. Das kann man erst durch die Anthroposophie *so* verstehen und gewinnt dadurch einen *neuen* (modernen) Sukzessionsbegriff, für den manches früher entscheidend Wichtige unwesentlich wird. Um den Anschluß an die geistige Ahnenreihe zu den Aposteln hin herzustellen, kann das Anknüpfen an das äußerlich historische Band der Handauflegung nicht wesentlich und ausschlaggebend sein. Andere, einen Anschluß an die übersinnliche Kirche und ihre ätherische Leiblichkeit ermöglichende Tatsachen müssen an diese Stellen treten. Für die Christengemeinschaft, die im 20. Jahrhundert als die neue christliche Kirche in Erscheinung getreten ist, ist die Sukzession in diesem Verständnis Tatsache geworden.

## *Die Macht der Kirche*

Eines der schwierigsten und dunkelsten Kapitel der Kirchengeschichte ist die kirchliche Machtausübung. Denn gerade weil auf dem *äußeren* Felde die Macht zur Perversion der Kirche führt, ist man zu leicht geneigt, ihr deshalb *jegliche* Machtausübung abzusprechen. Es gibt aber eine legitime, ja notwendige und die Kirche sogar konstituierende Macht. »Und dieses unmittelbar Wirkliche soll als ein lebendiges Band alle Generationen umfassen; es soll als Kirche mystisch von Geschlecht zu Geschlecht sich weiterschlingen. So sind die Worte Augustinus' zu verstehen: ›Ich würde dem Evangelium nicht glauben, wenn mich die *Autorität* der katholischen Kirche nicht dazu bewegte.‹ Nicht in sich also haben die Evangelien ein Erkennungszeichen für ihre Wahrheit; sondern man soll sie glauben, weil sie sich auf Jesu Persönlichkeit gründen; und weil die Kirche von dieser Persönlichkeit auf geheimnisvolle Weise die Macht ableitet, sie als Wahrheit erscheinen zu lassen.«[7]

In diesen wenigen Worten Rudolf Steiners liegt eine außerordentlich überraschende Klärung des Kirchenbegriffs und Evangelienverständnisses. Haben doch die Evangelien das Erkennungszeichen ihrer Wahrheit *nicht* in sich. Gerade deshalb soll man sie *glauben*. Trügen sie dieses in sich, dann hätte man sich mit ihnen auf dem Wege der Erkenntnis auseinanderzusetzen, in ähnlicher Weise wie mit der modernen anthroposophischen Geisteswissenschaft: Die Evangelien wären dann grundsätzlich für jeden verstehbar, »der unbefangene Logik und gesundes Wahrheitsgefühl anwenden will«.[8] In dieser Illusion lebt vor allem die protestantische Theologie, die im Neuen Testament gewissermaßen theologische Grundlagenbücher sieht und sich – vergeblich – bemüht, daraus eine »Wissenschaft von Gott« (= Theologie) zu entwickeln. Wenn die Evangelien geisteswissenschaftliche Dokumente wären, könnten sie tatsächlich zu einer Theologie führen. Dann gälte auch das oben Gesagte, daß sie grundsätzlich für jeden verstehbar wären. Das Gegenteil ist aber der Fall. So kann die eigenartige Bemerkung Rudolf Steiners einleuchtend werden, der einmal davon gesprochen hat,[9] daß der Christus Jesus nichts der Anthroposophie Vergleichbares gelehrt, sondern so gesprochen habe, daß die anderen es »im Anhören« verstehen konnten. Das Evangelium kann also *im Anhören* auf eine andere als erkenntnismäßige Weise *verstanden* werden.

Darauf wird in den Evangelien selbst immer wieder hingewiesen: Christus spricht »mit Vollmacht« und nicht »wie die Schriftgelehrten« (z. B. Markus 1, 22). Das Evangelium wird nicht *erklärt* (wie bei den Schriftgelehrten), sondern mit Vollmacht *verkündet*. Die Wahrheit des Evangeliums lebt zwischen dem, der es mit Vollmacht verkündet, und dem, der es im Anhören versteht. Dieses Verstehen ist ein Vorgang des Herzens und meint den *Glauben* an die erlebte Wahrheit. Durch die große Pfingstrede des Petrus als der ersten grundlegenden Verkündigung, mit der sich die Kirche zu bilden beginnt (Apostelgeschichte 2, 14–41), wird dieser Glaube als ein Herzensverständnis bei den Menschen angeregt. Im Neuen Testament wird das beschrieben: Was Petrus verkündete, »traf sie mitten ins Herz« und löste in ihnen den »Glauben« aus, durch den sie sich zu einer »Gemeinschaft« zusammenfinden (Apostelgeschichte 2, 37 und 44). Diese Wirkung bei den Menschen geschah aber durch die pfingstliche *Vollmacht*, mit der die Apostel und Petrus sprachen. Das war gewiß keine äußerliche rhetorische und womöglich gar zwingende Sprachgewalt, sondern die Macht, das verkündete Evangelium »als Wahrheit erscheinen zu lassen«. Diese Macht zwingt nicht, sondern läßt den Menschen in seiner Verständnisbereitschaft vollkommen frei, weil sie nicht einem Einzelnen persönlich zur Verfügung steht. So sprach Petrus nicht als Einzelner, sondern aus der Kraft der durch das Pfingstereignis gewissermaßen getauften Apostel*gemeinschaft.* In der 1. Auflage von »Das Christentum als mystische Tatsache« findet sich der Satz: »In der geschichtlichen Tradition der Evangelien und in der Macht, von der diese Tradition bewahrt wird, verkörpert sich für Augustinus das, was in den Mysterien behütet worden ist.«[10] Ab der 2. Auflage 1910 hat Rudolf Steiner in diesem Satz das Wort »Macht« durch das Wort »Gemeinschaft« ersetzt. Kirche, d.h. Gemeinschaft, und Macht, wie sie hier gemeint ist, bedingen einander.

## *Der Einzelne und die Kirche*

Wie wird der Einzelne ein Glied am Leib Christi, ein Mitglied der Kirche? Der erste Schritt ist die unmittelbare eigene Erfahrung, das »Verstehen im Anhören« des verkündeten Evangeliums, wodurch das Evangelium nicht nur Botschaft, sondern *Ereignis* ist. Ob er dieses Ereignis als eine Wirklichkeit anerkennen kann, entscheidet sich für den Menschen dort, wo er aus seiner Persönlichkeit heraus *glaubt.* Nichts außerhalb seiner Persönlichkeit Gelegenes kann ihm diese Entscheidung abnehmen. Auch unseren äußeren Sinnen müssen wir – oft unbewußt – glauben, wenn das Wahrgenommene für uns »wirklich« sein soll. Der so verstandene Glaube ist also die innere und ganz und gar persönlich verantwortete Bestätigung einer Wirklichkeitserfahrung, ein »Ja, so ist es«. Er ist ein Akt der Freiheit und Ausdruck der Persönlichkeit, der zunächst unwahrnehmbar für andere im Inneren des Menschen sich ereignet.

Wenn der Glaube geäußert wird, wenn der sozialen Umgebung in welcher Art auch immer davon Mitteilung gemacht wird, wird er *Bekenntnis*. Durch das Bekenntnis erkennen die Gläubigen einander und erleben ihre Zusammengehörigkeit; so entsteht Gemeinschaft. Das gilt auch für die Gegenwart. So weist Rudolf Steiner für die entstehende Christengemeinschaft darauf hin, daß die Voraussetzung für dauernde Gemeinschaften immer ein »gediegenes gemeinsames Bekenntnis« ist, auf das sie sich gründen können.

Wer zur Kirche gehört, *glaubt* an das Evangelium. »Nicht in sich also haben die Evangelien ein Erkennungszeichen für ihre Wahrheit; sondern man soll sie glauben, weil sie sich auf Jesu Persönlichkeit gründen.« Er glaubt weiterhin, daß er innerhalb der Gemeinschaft der *Bekenner* an der Erlösung, der »Vergottung« Anteil hat. »Jesus war vergottet; man muß sich zu ihm halten; dann ist man innerhalb der von ihm gestifteten Gemeinschaft selbst Teilhaber an der Vergottung: das wurde christliche Überzeugung. Was in Jesus vergottet war, ist für seine ganze Gemeinschaft vergottet.«[11]

Der im christlichen Sinne Gläubige hat also die Wirklichkeit des Evangeliums erfahren. Indem er sich dazu bekennt, schließt er sich mit den anderen Bekennern zur Gemeinde zusammen, die eine Hoffnung für ihn begründet, weil sich auf sie das ausgießt, »was sich früher innerhalb des Mysterientempels über die Mysten ausgegossen hat«. Auf die Wirklichkeit des Evangeliums und auf die Zukunftshoffnung der Gemeinde bezieht sich also der Glaube. »Die Mysterienweisheit wurde für die christliche Gemeinde unlösbar verknüpft mit der Persönlichkeit Jesu. Daß er gelebt hat, und daß seine Bekenner zu ihm gehörten: dieser Glaube trat an die Stelle dessen, was man vorher mit den Mysterien hatte erreichen wollen.«[12]

## *Kirche und christliche Mysterien*

In den vier vorausgehenden Kapiteln sind jeweils bestimmte Merkmale für die Kirche beschrieben, so wie sie aus den vorchristlichen Mysterien hervorgeht. Sie seien hier noch einmal zusammengefaßt:

1. An die Stelle des einzelnen Mysten in der vorchristlichen Zeit tritt nun die *Gemeinde.* In der Kirche ereignet sich die Initiation der Gemeinde als Ganzer.
2. Der Leib der Kirche entsteht als ein Lebensorganismus in der apostolischen *Sukzession,* in der die Verkünder des Evangeliums stehen.
3. Die Kirche übt eine rechtmäßige *Macht* aus, durch die das Evangelium in seiner Wahrheit erscheint.
4. Der Einzelne wird Glied der Kirche, indem er aus seiner persönlichen Erfahrung heraus an die Wahrheit des Evangeliums und die in der Gemeinde anwesende erlösende (»vergottende«) Kraft *glaubt* und sich dazu *bekennt.*

Bislang wurde noch nicht vom *Kultus* der Kirche gesprochen. Das soll im zweiten Hauptkapitel geschehen. Es wird sich dann zeigen, daß diese vier Merkmale der Kirche zugleich das Wesen ihres Kultus charakterisieren. Doch zuvor muß die Frage geklärt werden, welchen Wirkungsbereich neben der Kirche und unabhängig von ihr die christlichen Mysterien haben.

Wer die 1. Auflage des »Christentum als mystische Tatsache« liest, kann sich womöglich die Meinung bilden, mit dem Christentum höre das Mysterienwesen überhaupt auf und ginge auf die Kirche über. Obwohl bei genauem Lesen ein solches Fehlurteil nicht möglich ist, gibt es doch manche Formulierungen, die in eine solche Richtung zu weisen scheinen, wie z. B.: »Fortan gab es keine mystischen Methoden mehr für diejenigen, die zur Christengemeinde gehörten; sondern die Überzeugung, daß in dem gegenwärtig gewesenen Worte das Göttliche gegeben sei.«[13] In der 2. Auflage 1910 hat Rudolf Steiner oftmals solche Stellen verdeutlicht und darüber hinaus wesentliche Passagen über die christlichen Mysterien neu eingefügt. Der entsprechende Satz lautet jetzt: »Fortan konnte ein Teil dessen, was vorher nur durch mystische Methoden zu erreichen war, für diejenigen, die zur Christengemeinde gehörten, durch die Überzeugung ersetzt werden, daß in dem gegenwärtig gewesenen Worte das Göttliche gegeben sei.«[14]

In dieser Formulierung ist indirekt ein Hinweis auf die Existenz christlicher Mysterien gegeben. Was auf die Kirche übergeht, ist lediglich »ein Teil« dessen, was vorher in den Mysterien geschah. Damit wird zugleich auf jenen

»anderen Teil« verwiesen, der in den neuen christlichen Mysterien lebt.

Zwei Strömungen des Christentums treten damit erkennbar in Erscheinung – eine Kirchenströmung und eine Mysterienströmung – und es stellt sich die Frage: Wie verhalten sich diese beiden Strömungen zueinander? Es ist nicht sehr viel, was Rudolf Steiner in der 2. Auflage über die christlichen Mysterien ergänzt. Man muß hinzunehmen, was er in der Zwischenzeit ab 1902 über den »christlichen« und den »christlich-rosenkreuzerischen« Schulungsweg ausgeführt hat.[15] Auch die Schilderung der Kirchenströmung wird in der zweiten Auflage differenzierter. Ist noch der Blick in der ersten Auflage ganz darauf gerichtet, welche innere Gestalt die Kirche durch eine Persönlichkeit wie den Kirchenvater *Augustinus* (354–430) tatsächlich erhalten hat,[16] so daß sie sich nicht nur von der Mysterienströmung trennte, sondern sogar in Gegensatz zu ihr geraten ist, so heißt es in der 2. Auflage: »Für eine solche Vorstellungsart waren zwei Wege möglich. Der eine ist der, welcher sich sagt, wenn die menschliche Seele diejenigen Kräfte in sich ausbildet, durch welche sie zur Erkenntnis ihres wahren Selbst gelangt, so wird sie, wenn sie nur weit genug geht, auch zur Erkenntnis des Christus und alles dessen kommen, was mit ihm zusammenhängt. Dies wäre eine durch das Christus-Ereignis bereicherte Mysterienerkenntnis gewesen. – Der andere Weg ist derjenige, welchen Augustinus wirklich eingeschlagen hat, und durch welchen er für seine Nachfolger das große Vorbild geworden ist. Er besteht darin, mit der Entwicklung der eigenen Seelenkräfte an einem bestimmten Punkte abzuschließen...«[17] Damit wird angedeutet: Augustinus hätte auch einen anderen Weg gehen können im Sinne einer »durch das Christus-Ereignis bereicherten Mysterienerkenntnis«. Dann wäre die Kirchenströmung in engster Verbindung mit der Mysterienströmung gestanden. Die Kirche selbst wäre dann – wie es ja ihrer ursprünglichen Stiftung entspricht – Träger eines »Teiles« der Mysterien gewesen. Darauf wird in einem späteren Kapitel zurückzukommen sein.

Für die christlichen Mysterien ist wesentlich, daß sie den Einzelnen in ein *bewußtes* Verhältnis zum Mysterium von Golgatha führen. Dazu hat er einen bestimmten Schulungsweg zu gehen, im wesentlichen durch die Entwicklung des *Fühlens.* Innerhab des sogenannten *christlichen Schulungsweges* geschieht das anhand des Johannesevangeliums und führt den Schüler durch bestimmte Stufen bewußt durchlebter Christusnachfolge. Die erste dieser Stufen heißt *Fußwaschung,* weitere Stufen der Passionserlebnisse folgen; die letzte Stufe, das Ziel, ist die *Auferstehung* und *Himmelfahrt.* So wie in der vorchristlichen Einweihung jeder Myste seinen Führer hatte, den »Mystagogen«, von dem er ganz abhängig war, so erscheint hier auf dem Weg der bewußt durchlebten Christusnachfolge der Christus selbst als der Führer, demgegenüber der Schüler sich aber frei fühlt. Es ist kein Zufall, daß gerade das Johannesevangelium in besonderem Maße das Schulungsbuch für die christliche Initiation ist, hat doch der Verfasser selbst – als Vorbild der christlichen Initiation – auf eine einmalige Weise die Einweihung durchgemacht. Wie Rudolf Steiner darlegt, ist der auferweckte Lazarus identisch mit dem Verfasser des Johannesevangeliums. Die Auferweckung des Lazarus/Johannes ist in Wirklichkeit ein Mysterienvorgang. »An Lazarus hat Jesus im Sinne uralter Traditionen das große Wunder der Lebensverwandlung vollbracht. Damit ist das Christentum an die Mysterien angeknüpft. Lazarus war durch den Christus Jesus selbst ein Eingeweihter geworden. Er war dadurch fähig geworden, sich in die höheren Welten zu erheben. Er war aber zugleich der erste christliche und von dem Christus Jesus selbst Eingeweihte.«[18]

Der Weg der christlichen Einweihung ist nicht voraussetzungslos. Er geht vom »strengsten Glauben an die Persönlichkeit des Christus Jesus«[19] aus und erfordert außerdem mindestens periodenweise ein Sich-Zurückziehen von der äußeren Welt. Für die geistigen Verhältnisse der Neuzeit ab dem 15. Jahrhundert ist aus diesem Schulungsweg, ohne daß er deshalb ungültig geworden wäre, durch eine »Modifikation«[20] ein weiterer entstanden, der mit einem vollen Drinnenstehen in den Pflichten der äußeren Welt vereinbar ist und der keine Glaubensvoraussetzungen fordert. Dieser »christlich-rosenkreuzerische« Schulungsweg ist in Rudolf Steiners Buch »Wie erlangt man Erkenntnisse der höheren Welten« beschrieben. Der Titel sagt, daß dieser Weg ein *Erkenntnis*weg ist.

Indem für die christliche Initiation das bewußte Verhältnis zum Mysterium von Golgatha entscheidend ist, fällt noch einmal ein Licht auf die Aufgabe der Kirche: »Es hat sich also mit dem ›Mysterium von Golgatha‹ auf die christliche Gemeinde das ausgegossen, was sich früher innerhalb des Mysterientempels über die Mysten ausgegossen hat. Und die Initiation gibt den christlichen Mysten die Möglichkeit, sich dieses Inhaltes des ›Mysteriums von Golgatha‹ bewußt zu werden, während der Glaube den Menschen unbewußt teilhaftig werden läßt der mystischen Strömung, die von den im Neuen Testamente geschilderten Ereignissen ausgegangen ist und seitdem das Geistesleben der Menschheit durchzieht.«[21] Durch das Wesen der Gemeinde vermag also der Einzelne unabhängig von seiner individuellen Bewußtseinsentwicklung schon jetzt vollständig an der christlichen Strömung teilzuhaben durch den *Glauben*. Er fällt nicht aus der Entwicklung heraus, bis für ihn der Zeitpunkt kommt, wo er für den Inhalt des Mysteriums von Golgatha von sich aus Schritte der Bewußtseinsvertiefung machen will.

Daraus ergibt sich eine fundamentale Orientierung über zwei polare Möglichkeiten von Kultushandlungen. Innerhalb der Kirche führt der Kultus, wenn er in gültiger Form zelebriert wird, immer die geistige Wirklichkeit herbei. Obwohl er sich in seiner für die Gegenwart gültigen Form ausschließlich an das Bewußtsein des Menschen richtet, ist er als übersinnliches Ereignis doch unabhängig von der Bewußtseinskraft des Einzelnen, denn er wirkt durch das Wesen der Gemeinde überpersönlich. Ein Kultus innerhalb der Mysterienschulung hingegen ist ein Mittel, die Bewußtseinskraft des Einzelnen zu steigern, von der hier der Grad der geistigen Wirklichkeit abhängig ist. Rudolf Steiner drückt das 1902 in dem einfachen Satz aus: »Die Mysterien haben durch Tradition die Mittel überliefert, zur Wahrheit zu kommen; die Christengemeinschaft pflanzt diese Wahrheit selbst fort«.[22]

# Der Kultus der Kirche

## *Augustinus und der Erkenntnisprozeß der Bewußtseinsseele*

Der Erkenntnisprozeß des modernen Menschen gleicht nicht dem vergangener Zeiten. Rudolf Steiner macht in seinen frühen Schriften, beginnend mit dem 1886 erschienenen Werk »Grundlinien einer Erkenntnistheorie der goetheschen Weltanschauung«, deutlich, daß die *Wirklichkeit* für den heutigen Menschen erst im Erkenntnisprozeß *geschaffen* wird. Indem die wahrgenommene Welt denkend begriffen wird, d.h. das *Denken* zur reinen *Wahrnehmung,* bzw. *Erfahrung* den Begriff hinzufügt, erfaßt der Mensch die Wirklichkeit. Sie ist dem Menschen nicht fertig gegeben, sondern in Wahrnehmung und Denken getrennt. Im *Erkennen* fügt der Mensch diese Hälften der Wirklichkeit wieder zu einem Ganzen zusammen. Sie treten aber auf sehr unterschiedliche Art in das menschliche Bewußtsein. Die Erfahrung bzw. Wahrnehmung ist das »unmittelbar Gegebene«,[23] »die Form der Wirklichkeit, in der diese uns erscheint, wenn wir ihr mit vollständiger Entäußerung unseres Selbstes«[24] entgegentreten. Sie ist also im strengsten Sinne *objektiv.* Ganz anders das Denken: »Die äußeren Triebkräfte, die wir bei einem Sinnesobjekte stets voraussetzen müssen, sind beim Gedanken nicht vorhanden. Sie sind es ja, denen wir es zuschreiben müssen, daß uns die Sinneserscheinung als etwas Fertiges entgegentritt; ihnen müssen wir das *Werden* derselben zurechnen. Beim Gedanken bin ich mir klar, daß jenes *Werden* ohne meine Tätigkeit nicht möglich ist. Ich muß den Gedanken durcharbeiten, muß seinen Inhalt nachschaffen, muß ihn innerlich *durchleben* bis in seine kleinsten Teile, wenn er überhaupt irgend welche Bedeutung für mich haben soll.«[25] Die Gedanken kommen uns also nicht fertig von außen entgegen, sondern »in dem Denken halten wir das Weltgeschehen an einem Zipfel, wo wir dabei sein müssen, wenn etwas zustandekommen soll«.[26] Zwar sind auch die Gedanken zunächst Erfahrung und als solche objektiv gegeben. Die Gesetze der Logik etwa sind nicht willkürlich manipulierbar. Dennoch ist das Denken die »höhere Erfahrung in der Erfahrung«,[27] denn es ist zugleich das Persönlichkeitselement mit dem Denken verbunden, durch das wir uns als Hervorbringer unserer Gedanken erleben und sie so zu unseren *eigenen* Gedanken machen. Dieser Vorgang des Erkennens war früher ein anderer. Noch in der Antike war das Erleben der Menschen weithin so, daß ihnen die Gedanken wie Offenbarungen von außen zukamen und ähnlich den Sinnesempfindungen *gegeben* waren. Denken und Wahrnehmen waren auch nicht in der Weise getrennt wie heute; die Gedanken wurden noch nicht als persönlicher Besitz erlebt.

Die Verwandlung des Erkenntnisprozesses hängt mit übersinnlichen Vorgängen zusammen, die im vierten nachchristlichen Jahrhundert ihren Schwerpunkt haben: die Geister der Form (in der christlich-traditionellen Terminologie die Exusiai), die bis dahin die Träger und Verwalter der Gedanken waren und für das Gedankenleben der Menschen sorgten, übergaben diese Aufgabe an die Geister der Persönlichkeit (Archai). Von nun an regeln die Geister der Form nur noch die äußeren Sinneswahrnehmungen;[28] das Gegebene, das Geoffenbarte erscheint jetzt allein im Bereich der Wahrnehmung. Die Gedanken aber müssen von nun an *persönlich erarbeitet* werden. Damit verändert sich der gesamte Erkenntnisvorgang des Menschen; erst jetzt hat er die Möglichkeit, persönlich-abstrakte Gedanken zu bilden, solche also, die nur für das eigene Bewußtsein eine Realität haben, aber ohne Bedeutung für die Wirklichkeit sind. In den älteren Zeiten konnten die Menschen keine anderen als wirklichkeitsgemäße Gedanken haben. Erst durch die Möglichkeit zur Abstraktion entsteht Freiheit. Sie ist die Grundlage für die Entwicklung der Bewußtseinsseele.

Weil es mit der Entwicklung der menschlichen *Freiheit* verbunden ist, wird das Zeitalter der Bewußtseinsseele, die im 15. Jahrhundert beginnende Neuzeit, für die Menschheitsentwicklung entscheidend sein. Deshalb gilt für die gesamte davorliegende Zeit, »daß im wesentlichen die menschliche Erdenentwicklung eine Art Vorbereitung war für diesen Zeitraum«.[29] Eine besondere Vorbereitung geschah im 4. Jahrhundert. Was aber hat sich da für die Kirche zugetragen? Ist an der Kirchengeschichte ablesbar, daß auch hier sich etwas ereignete, was die Religiosität der Bewußtseinsseele veranlagt? Nach den Darstellungen Rudolf Steiners ist der Übergang der Gedanken-Verwaltung von den Geistern der Form auf die Geister der Persönlichkeit auf der Erde geradezu von einem Geisteskampf begleitet, weil es auch »zurückgebliebene« Geister der Form gibt, die weiterhin im Sinne ihrer bisherigen Aufgabe wirken wollen, was nun aber nicht mehr zeitgemäß ist. Die Gedanken leuchten dann zwar nicht mehr wie in den früheren Zeiten durch die Sinneswelt hindurch – diese Art der Gedankenwahrnehmung ist den Menschen unwiederbringlich verloren – aber sie erscheinen dennoch von *außen* gegeben und geoffenbart. In dieser Form werden sie vom Menschen dann als *objektive Wahrheit* erlebt. Doch zeigt sich in einer solchen Denkgesinnung eben das Wirken der zurückgebliebenen Geister der Form. Sie wirken heute durchaus in der gängigen naturwissenschaftlichen Denkungsart, aber nicht nur. Im 4. Jahrhundert hat ihr Wirken zur Herausbildung des kirchlichen *Dogmas* geführt, als der von außen geoffenbarten Wahrheit, die dem persönlichen Denken des Einzelnen nicht zugänglich ist. Eine entscheidende Rolle in dieser Auseinandersetzung spielt Augustinus, auf den Rudolf Steiner schon am Schluß von »Das Christentum als mystische Tatsache« zu sprechen kommt, wo er für Augustinus *zwei* mögliche Wege skizziert (s. o. S. 21). 1923 charakterisiert er ihn so: »Dann tritt eine solche Persönlichkeit auf, welche mitten drinnen steht mit ihrer Seele in dem Kampfe zwischen den neuberechtigten Geistern der Persönlichkeit und den unberechtigt gewordenen Geistern der Form. Diese Persönlichkeit, die mit der Seele hineinverstrickt ist in jenen Kampf, das ist *Augustinus*, der katholische Kirchenvater.« Durch sein ganzes Schicksal ist Augustinus aber »behindert, mit voller Entfaltung seiner Einzelpersönlichkeit die neue Form der Gedanken zu übernehmen, wie sie übermittelt werden kann durch die nun für die Gedanken berechtigt gewordenen Geister der Persönlichkeit, die Archai. Und er kann das nur übernehmen, indem er sich ganz und gar dem Dogma der Kirche übergibt.«[30] Durch ihn wird auch die Kirche auf jenen Weg geführt, der darin besteht, »mit der Entwicklung der eigenen Seelenkräfte an einem bestimmten Punkte abzuschließen«.[31] Auf diesem Weg wird sich die Bewußtseinsseele innerhalb der Kirche nicht entfalten und ein religiöses Leben pflegen können; die Reformation am Beginn der Neuzeit ist die Folge. Schließlich wird die Kirche auf diesem Weg auch den Anschluß an die mit der Zeit gehenden Mysterien verlieren. Erst im 20. Jahrhundert wird diese Frage wieder aufgegriffen werden können.

## *Erkenntnis und Kultus*

Die Betrachtung des Erkenntnisprozesses ist nicht nur ein Schlüssel zu einem tieferen Verständnis der Kirchengeschichte, sondern auch des Kultus selbst. Ohne an dieser Stelle auch nur annäherungsweise die Erkenntnislehre Rudolf Steiners in ihrer Gesamtheit entwickeln zu können, sollen doch die für unsere Fragestellung wichtigen Motive herangezogen werden.

Für das gewöhnliche Bewußtsein gilt das, was durch die Sinne erfahren wird, als der *Inhalt* der Wirklichkeit. Die Fülle der Welt, ihre Farbigkeit und Vielfalt, alles, was unserem Bewußtsein Inhalt gibt, wird uns durch die Wahrnehmung gegeben. Wenn die Sinne schwinden, so scheint es, wird notwendig auch unser Bewußtseinsinhalt vergehen. Das Denken selber, so weit es nicht wieder als Vorstellen der Sinnesinhalte auftritt, scheint nur eine ordnende, kategorisierende Funktion nach bestimmten Gesetzen ohne einen eigenen Inhalt zu haben, vergleichbar dem Fahrplan, der selbst nichts mit dem Erlebnisinhalt einer Eisenbahnfahrt zu tun hat. Wo von »des Gedankens Blässe« (Schiller) oder vom »ideologischen Überbau« (Marx) gesprochen wird, liegt diese Empfindung zugrunde. Kant macht diese Anschauung sogar zu einem entscheidenden Bestandteil seiner Philosophie.

Es gehört ein großes Maß an Vorurteilslosigkeit dazu, im Eingehen auf die Erkenntnislehre Rudolf Steiners zu der Einsicht zu gelangen, daß es in Wirklichkeit umgekehrt ist. »Man ist so gewohnt, die Welt der Begriffe für eine leere, inhaltslose anzusehen, und ihr die Wahrnehmung als das Inhaltsvolle, durch und durch Bestimmte gegenüberzustellen, daß es für den wahren Sachverhalt schwer sein wird, sich die ihm gebührende Stellung zu erringen. Man übersieht vollständig, daß die bloße Anschauung das Leerste ist, was sich nur denken läßt, und daß sie allen Inhalt erst aus dem Denken erhält. Das einzige Wahre an der Sache ist, daß sie den immer flüssigen Gedanken in einer bestimmten Form festhält, ohne daß wir nötig haben, zu diesem Festhalten tätig mitzuwirken. Wenn der eine, der ein reiches Seelenleben hat, tausend Dinge sieht, die für den geistig Armen eine Null sind, so beweist das sonnenklar, daß der *Inhalt* der Wirklichkeit nur das Spiegelbild des Inhaltes unseres Geistes ist und daß wir von außen nur die leere Form empfangen. Freilich müssen wir die Kraft in uns haben, uns als die Erzeuger dieses Inhaltes zu erkennen, sonst sehen wir ewig nur das Spiegelbild, nie unseren Geist, der sich spiegelt. Auch der sich in einem faktischen Spiegel sieht, muß sich ja selbst als Persönlichkeit erkennen, um sich im Bilde *wieder zu erkennen.*«[32] Um diese das normale Wirklichkeitsverständnis vollständig revolutionierenden Sätze Rudolf Steiners in ihrer Richtigkeit zu erfassen, bedarf es einer langen übenden Auseinandersetzung mit den Erkenntnisvorgängen. Dennoch muß daran angeknüpft werden.

Der Inhalt der Wirklichkeit, das also, was wir erkennen und begreifen, ist *Spiegelbild* des Inhaltes unseres Geistes, unserer Gedanken. Die reine Wahrnehmung (Anschauung) selbst ist leer wie ein Spiegel. Erst wenn sich jemand darin spiegelt, erscheint der Inhalt des Spiegelbildes. Über den Kultus spricht Rudolf Steiner überraschenderweise in ganz ähnlicher Weise: »Meine lieben Freunde, wenn hier ein Spiegel ist, hier irgend ein Gegenstand oder ein Wesen, so sehen Sie hier das Spiegelbild darin. Sie haben zwei, das Wesenhafte und das Spiegelbild. So haben Sie zwei, wenn ein Totenkult sich abspielt. Dasjenige, was der Kult ist, der vor dem Sarge durch den Priester gehalten wird, das ist nur ein Spiegelbild. Das ist ein wirkliches Spiegelbild und wäre nicht eine Realität, wenn es nicht ein Spiegelbild wäre. Was spiegelt es? Dasjenige, was der Priester hier tut, indem er vor der Leiche steht, seinen Kultus verrichtet, das hat sein Ursprungsbild in der anstoßenden übersinnlichen Welt...«[33]

Der Inhalt des Kultus ist *Spiegelbild* der göttlichen Welt. Die äußere Form des Kultus aber ist, wie die Wahrnehmung, leer wie ein Spiegel. Sehr betont ist damit eine bestimmte Sicht auf das Wesen des Kultus. Denn daß der Kultus eine höchste geistige Realität hat, die sogar von einem höheren Grad ist als die äußere Sinneswirklichkeit, darauf weist Rudolf Steiner an anderer Stelle hin: Der Kultus ist »wirklicher« als die Welt, die wir mit Augen sehen. Es sind in der Tat die *nur äußeren Formen,* die zunächst *leer* sind und sich gerade durch das Gebet und die religiöse Hingabe der beteiligten Menschen, Gemeinde und zelebrierender Priester, mit dem Inhalt der übersinnlichen Welt füllen. Und so, wie die Anschauung den immer flüssigen Gedanken in einer bestimmten Form festhält, so werden verschiedene Kulte, etwa der Totenkult oder die Taufe als Kult für das Erdengeleit, den Inhalt der übersinnlichen Welt in einer jeweils besonderen Art festhalten. Wäre die äußere Form des Kultus nicht in dieser Weise leer, würde der Kultus schon allein durch den rein äußerlichen Vollzug seinen geistigen Inhalt haben, so wäre seine Wirkung magisch. Der *richtige äußere Ablauf* der Zeremonie würde das Wesentliche bewirken. Die katholische Kirche ist insbesondere nach dem Konzil von Trient (1545–1563) sehr in die Nähe dieser Auffassung gekommen durch die Dogmatisierung der Sakramentswirksamkeit im Sinne des »ex opere operato«: Ein Sakrament wirkt allein *kraft des (äußeren) Vollzugs*, sofern dieser ohne Fehler geschieht, unabhängig von der Bewußtseinsmitwirkung der Beteiligten. Wenn man auf das von Rudolf Steiner für den Kultus – wie für die Erkenntnis – herangezogene Bild des Spiegels eingeht, ergeben sich drei Bereiche des Kultus:

1. die nur äußere Form des Kultus (Spiegel)
2. die geistige Realität des Kultus (das, was durch den Spiegel erscheint; Spiegelbild)
3. das Wesen der kultischen Handlung, ihr Sinn (Ursprungsbild in der übersinnlichen Welt)

Schon in der scholastischen Theologie[34] wurden ganz entsprechend drei Bereiche des Kultus bzw. Sakramentes unterschieden; man kennzeichnete sie:

1. Sakramentales Zeichen (sacramentum tantum)
2. Wirklichkeit und Zeichen; erste (geistige) Wirkung (res et sacramentum)
3. Sakramentale Gnade (res tantum)

Leider ist diese Unterscheidung, wie manche andere große Leistung der Scholastik, zu sehr abstrakte Spekulation geblieben, um für eine lebendige Theologie fruchtbar werden zu können. Und später, im Zuge der Gegenreformation, wurde sie sogar ganz zugedeckt. Für uns ergibt sich aus dieser Unterscheidung die Brücke zum Erkenntnisakt. So wie die Wahrnehmung als reine Erfahrung *das unmittelbar Gegebene* ist und die Form der Wirklichkeit in der diese uns erscheint, wenn wir ihr mit *vollständiger Entäußerung unseres Selbst* entgegentreten, so ist auch der Kultus unmittelbar gegeben. Er ist nicht wie die Gedanken erarbeitet oder gar persönlicher Besitz. Er ist nicht von Menschen gemacht, und man kann ihm angemessen nur unter vollständiger Entäußerung seiner selbst entgegentreten. Wie Rudolf Steiner einmal zu Herbert Hahn geäußert hat: »Der Kultus ist tabu.«

Hier ist mit einzubeziehen, was Steiner, den Kultus erläuternd, angeführt hat, nämlich daß das, was sich äußerlich am Altar vollziehe, *Schein* sei. Der Vorgang, der sich aber spirituell dabei abspiele, sei dennoch eine *Wirklichkeit* innerhalb der betenden Gemeinde. So kann man sagen:

Äußere Form des Kultus (sacramentum tantum) – Schein.
Der Kultus als Spiegelbild (res et sacramentum) – Wirklichkeit.

Als drittes kommen wir für den Kultus auf das »Ursprungsbild in der übersinnlichen Welt«. Dieses entspricht im Erkenntnisakt dem »Inhalt unseres Geistes«. Doch damit er in einer bestimmten Form als Erkenntnis erscheinen kann, ist Anstrengung, ist persönliche Mitarbeit notwendig. »Ich muß den Gedanken durcharbeiten, muß seinen Inhalt nachschaffen, muß ihn innerlich *durchleben* bis in seine kleinsten Teile, wenn er überhaupt irgend welche Bedeutung für mich haben soll.«[35] Beim Denken müssen wir *dabeisein,* wenn etwas zustande kommen soll. Die Gedanken müssen *erarbeitet* werden. Durch diesen Vorgang erhält der Inhalt unseres Geistes im Erkenntnisprozeß sein Spiegelbild im Inhalt der Wirklichkeit. Im Kultusgeschehen wird das Ursprungsbild in der übersinnlichen Welt zum Spiegelbild der kultischen Wirklichkeit durch das *Zelebrieren.* Dieses ist nicht nur das Empfangen einer Gnade, sondern zugleich auch, wie beim Erkennen, *Dabeisein* und *Erarbeiten.* Der Kultus ist also ein Erkenntnisprozeß auf einer höheren Stufe. Was beim individuellen Erkennen das Denken ist, geschieht im Kultus durch das Zelebrieren.

Es mag überraschen, daß so verschiedene und scheinbar unvergleichbare Dinge wie Kultus und menschliche Erkenntnis einen gemeinsamen Grund haben. Das liegt aber daran, daß wir im allgemeinen die wirkliche Tiefe des Erkennens nicht erreichen und in der Abstraktheit unserer Gedanken keine Wirklichkeit finden. Dann »sehen wir ewig nur das Spiegelbild, nie unseren Geist, der sich spiegelt«. Eine andere Frage ist, ob das Zelebrieren des Kultus als Denken in einem höheren Sinn sich nur auf den Priester bezieht. Darüber sei im nächsten Kapitel gesprochen.

Aus der inneren Beziehung zwischen Kultus und Erkenntnis erhellt auch, inwieweit kirchlicher Kultus heute zeitgemäß ist. Daß unter Umständen die zurückgebliebenen Geister der Form im menschlichen Erkenntnisleben wirksam werden können, wurde bereits dargestellt. Dann entsteht eine Denkungsart, die vielleicht sogar im Gewand moderner Wissenschaftlichkeit auftritt, in Wahrheit aber nicht zeitgemäß ist, weil sie Erkenntnis als etwas auffaßt, das von außen »objektiv« vorgegeben und losgelöst vom Menschen eine Wahrheit in sich ist. Alle Arten von Dogmen haben hier ihren Ursprung. In einem der Zeit angemessenen Erkenntnisvorgang im Sinne der Geister der Persönlichkeit wird uns die Wahrheit eines Gedankens nicht anders zugänglich, als daß wir selbst den Gedanken »durcharbeiten«, »seinen Inhalt nachschaffen« und »ihn innerlich durchleben bis in seine kleinsten Teile«.

Auch ein Kultus, der nur von außen objektiv vorgegeben ist und *losgelöst* vom mitvollbringenden Menschen Gültigkeit in sich hat, ist nicht mehr zeitgemäß. Seine Wirksamkeit muß dann »ex opere operato« verstanden werden im Sinne des Dogmas der katholischen Kirche. Der für unsere Zeit wirksame Kultus entspricht der unserer Zeit gemäßen Erkenntnisart, in der die Geister der Persönlichkeit wirken. Die ihn gemeinsam Vollbringenden müssen ihn »durcharbeiten«, »seinen Inhalt nachschaffen« und ihn »innerlich durchleben«. An diesem Kultus kann es also keine anderen Teilnehmer geben als *Mitarbeiter,* die aber aus verschiedenen Graden von Bewußtsein handeln.

## *Erkenntnis und Gemeinde*

Im Kultus der Christengemeinschaft, der als zeitgemäßer Kultus im 20. Jahrhundert mit Hilfe der Anthroposophie zur Erscheinung gekommen ist, spielt die Gemeinde eine neue Rolle. Sie ist nicht Zuschauer wie im Kultus der mittelalterlichen Kirche, gewissermaßen vor den Tempelpforten auf die Gnadengabe der Sakramente wartend, die von der Kirche gereicht werden. Im Kultus der Christengemeinschaft ist die Gemeinde *Vollbringerin* des Kultus, und es fällt ihr sogar zu, den Christus zu *erkennen.* Das wirft ein neues Licht auf den Zusammenhang von Kultus und Erkenntnis. Unser Begriff von Erkenntnis bezieht sich ja zunächst immer auf das erkennende Individuum. Inwiefern Menschen, deren Erkenntnisweg in die gleiche Richtung geht, dadurch eine Gemeinschaft bilden können, ist eine schwierige Frage und insbesondere als *anthroposophische Gemeinschaftsbildung* eine Aufgabe (die weiter auszuführen hier nicht der Ort ist). Der Erkenntnisprozeß ist dabei aber stets ein Vorgang im einzelnen Menschen. Wie aber, wenn eine *Gemeinde* erkennt?

Hierzu muß die besondere Rolle des Priestertums betrachtet werden, wie es in der christlichen Kirche ursprünglich veranlagt war, dann aber durch die Vorgänge des 4. Jahrhunderts und durch Persönlichkeiten wie Augustinus eine ganz andere Entwicklung genommen hat. Wir haben gesehen, daß in der Kirche die Gemeinde als Ganze an die Stelle des einzelnen Mysten innerhalb der vorchristlichen Mysterien tritt. So kann der Gläubige *innerhalb der Gemeinschaft* auch unbewßt an der mystischen Strömung Anteil gewinnen, die von dem Golgatha-Ereignis ausgeht. Dabei spielt die Vielheit der Gemeindeglieder mit der Einheit der Gemeinde zusammen. Die *eine* Gemeinde geht durch einen Initiationsprozeß, die einzelnen Gläubigen haben als Glieder dieser Gemeinde daran Anteil. Diese Einheit der Gemeinde hat ihre Wirklichkeit in einer höheren Wesenheit, die sich als *Gemeindegeist* mit der Gemeinschaft der Gläubigen verbindet: dem »Engel der Gemeinde« (vgl. Apokalypse 2 und 3). Durch ihn geschieht als Tatsache der Gemeinschaft, was sich durch die einzelnen vollziehen soll. Er »zelebriert« den Kultus. Indem der Priester sein Zelebrieren des Kultus *mit* allen Anwesenden an den *Gemeindewillen* anschließt, nimmt er gegenüber den Gemeindegliedern keine »höhere« Stellung ein. Aus der Gemeinsamkeit des Willens zum Vollbringen der kultischen Handlung ergibt sich damit für den zeitgemäßen Kultus auch ein demokratisches Element, das zu den andersgerichteten Elementen des Priestertums neu hinzutritt.

Für den katholischen Kultus ist das Verständnis umgekehrt, darin liegt das Unzeitgemäße. Hier ist die Gemeinde mit ihrem Willen nicht geistig selbständig und frei, sondern nur von der Kirche abgeleitet; der Priester vollzieht im Zelebrieren den *Willen der Kirche*. Er ist Repräsentant der Kirche und vollbringt den Kultus nicht mit den Anwesenden, sondern *für* sie (»pro omnibus circumstantibus«). So ist die Stellung des Priesters in der katholischen Kirche den Gläubigen übergeordnet, sie ist Ausdruck einer aristokratischen Verfassung, wie sie in den vorchristlichen Mysterien gegeben war und in dieser Form alleine nicht mehr berechtigt ist.

Ein Ausdruck des zeitgemäßen Kultus ist, daß die Gemeinde in seinem Vollzug *den Christus erkennt*. Dieses Erkennen der Gemeinde muß nicht unbedingt Erkenntnis des einzelnen Gläubigen sein, es ist aber ein Erkennen des Engels der Gemeinde. Wieder werden wir, nun von einer anderen Seite her, auf Erkenntnisvorgänge höherer Art gewiesen. Im vorigen Kapitel wurde das Zelebrieren des Kultus selbst als ein Erkenntnisvorgang höherer Art dargestellt. Wenn nun auch von der Gemeinde gesagt werden kann, daß sie den Christus erkennt, so ist in dieser Gemeinschaftserkenntnis wieder eine höhere Art des Erkennens zu sehen. In diesem Sinne kann man den christlichen Kultus begründet als einen *Erkenntnisweg der Gemeinde* auffassen. Der Einzelne hat *innerhalb der Gemeinschaft* an diesem Erkenntnisweg Anteil, unabhängig vom Grad seines Bewußtseins. In diesem Zusammenhang gibt es tatsächlich die – paradoxe – Möglichkeit einer »unbewußten Erkenntnis« des Einzelnen.

Anthroposophie ist ein Erkenntnisweg für den Einzelnen. Sie ist das, was Rudolf Steiner in Zusammenhang mit Augustinus eine »durch das Christusereignis bereicherte Mysterienerkenntnis« nennt. Indem im erneuerten Kultus der Christengemeinchaft das Wirken der christlichen Kirche als Erkenntnisweg für die Gemeinde zu sehen ist, kann etwas vom Mysteriengrund fühlbar werden, der damit für die Kirche wiedergewonnen wurde. Sie ist Träger eines »Teiles« der Mysterien, die im 20. Jahrhundert durch die Anthroposophie erneuert worden sind.

Zu der besonderen Art des Wegs, den die Gemeinde geht, gehört, daß sie im Vollbringen des Kultus den Christus als ihren *Führer* erkennt. Die Gemeinde stellt sich damit in die Nachfolge Christi. Das aber ist der wesentliche Zug des oben beschriebenen *christlichen Schulungsweges*, der anhand des Johannesevangeliums durch verschiedene Stufen führt, deren erste ja das innerliche Durchleben der *Fußwaschung* ist. Von einem Gespräch mit Rudolf Steiner, in dem auch über das Wirken durch die Predigt gesprochen wurde, hat sich Friedrich Rittelmeyer notiert, daß die Bilder des Johannesevangeliums für die Gemeinde in einer solchen Weise zur Wirksamkeit gebracht werden sollen, daß die Fußwaschung »zum Spüren« gebracht wird! Damit ist eine gewaltige, noch kaum zu erfüllende Aufgabe für die Zukunft umrissen. Die Richtung des Wirkens aber ist klar. Die Initiation der Gemeinde durch den Kultus und die aus ihm abgeleitete Predigt ist ihrem Wesen nach die des christlichen Schulungsweges, wie er für den Einzelnen beschrieben ist. Wir sehen wieder, wie der Strom der christlichen Mysterien und der Strom der Kirche ursprünglich – und heute der Möglichkeit nach wieder – eines Wesens sind, zunächst im Hinblick auf den christlichen Schulungsweg.

Aber auch die Modifikation dieses Wegs zum christlich-rosenkreuzerischen Schulungsweg findet ihren Niederschlag im erneuerten Kultus, indem, wie wir gesehen haben, die Gemeinde durch ihn zugleich mit der Christusnachfolge einen Weg der Christus*erkenntnis* geht. Auch daß er *öffentlich* ist und deshalb *voraussetzungslos* an ihm teilgenommen werden kann, zeigt das gleiche neue Element. Die erneuerte christliche Kirche erscheint dadurch wirklich als Träger eines Teils der erneuerten Mysterien.

Für den Einzelnen beginnt der Weg in die Gemeinde mit dem Erleben des Kultus. Nur insoweit ihm das geistige Ereignis als innere Erfahrung bewußt wird, beginnt der Kultus für ihn eine Bedeutung zu haben. Er beginnt, an die Wahrheit und Realität des Kultus zu *glauben.* Das ist zunächst ein Prozeß, der sich ganz im Inneren ereignet. Diese innere Erfahrung immer wieder zu suchen, wird ihm ein Bedürfnis werden, dem er mit seiner Teilnahme am Kultus einen äußeren Ausdruck geben wird als sein *Bekenntnis* zum Kultus. Zugleich stellt er sich damit in die Gemeinschaft derer, die das gleiche Bekenntnis haben. Das »gediegene gemeinsame Bekenntnis« ist die Grundlage der Gemeindebildung.

Der Kultus ist heute ähnlich aufzufassen wie die Verkündigung des Evangeliums in den urchristlichen Zeiten. Das Evangelienwort war nicht nur ein bestimmter Inhalt, sondern aus dem Mund der Apostel wurde es für die Gläubigen zum Ereignis. Gleiches ist heute vom Kultuswort zu sagen. Und so, wie die Apostel ihre Schüler beriefen und dann zum Verkündigen des Evangeliums geistig ermächtigten, geschieht durch die Priesterweihe die Berufung und Ermächtigung zum Zelebrieren des Kultus. Im Kultus »lebt nichts anderes als das lebendige Evangelienwort«, sagt Rudolf Steiner im Hinblick auf den erneuerten Kultus der Christengemeinschaft. Der Kultus ist damit auch das tragende geistige Geschehen, innerhalb dessen heute das Evangelium leben und verkündet werden kann.[36]

Die vier Merkmale für die Kirche können jetzt auch als die Merkmale des christlichen Kultus erkannt werden:

1. Der Weg des einzelnen Mysten wird durch den christlichen Kultus ein Weg der *Gemeinde.* Er ist Gemeindeinitiation im Sinne des christlichen Schulungsweges und zugleich Erkenntnisweg der Gemeinde.
2. Der Auftrag und die Berufung, den Kultus zu zelebrieren, wird durch die Priesterweihe weitergegeben. In ihr drückt sich die *Sukzession* aus.
3. Im Kultus lebt die *Macht,* die Gläubigen der Gemeinde unabhängig von deren Bewußtseinskraft heranzuführen an die geistige Wirklichkeit der Anwesenheit Christi.
4. Für den Einzelnen hat der Kultus insoweit Bedeutung, als er dessen Wahrheit und Realität erlebt. Daraus geht der *Glaube* hervor und das *Bekenntnis* zum Kultus.

# Die innere Polarität

## *Das Credo*

Im erneuerten Kultus zeigen sich Elemente, die einem gewöhnlichen Verstehen in sich widersprüchlich erscheinen. Das hängt mit der Spannung zusammen, in der sich der Erkenntnisprozeß der Bewußtseinsseele vollzieht. Während in früheren Zeiten die Erkenntnis der Wirklichkeit den Menschen vollständig wie eine Offenbarung *gegeben* war, kommt sie heute durch ein gegebenes Element, die Wahrnehmung, *und* ein zu erarbeitendes, das Denken, zustande. Die Wirklichkeit ist für den Erkennenden einerseits gegeben, andererseits aber gerade nicht und muß deshalb in einem durchaus schöpferischen Vorgang errungen werden. Hier spiegelt sich das Zusammenwirken der Geister der Form und der Geister der Persönlichkeit mit ihren ganz verschiedenen Tätigkeitsrichtungen wider.

Zunächst sei der Blick auf die Stellung des »Credo« innerhalb des erneuerten Kultus gerichtet.[37] Es ergibt sich aus dem über die Erkenntnis Gesagten, daß Einsichten in die Wahrheit nur dann für den heutigen Menschen eine wirkliche Bedeutung haben können, wenn sie persönlich erarbeitet und durchlebt sind. Keine äußere Instanz kann das selbstvollzogene Urteil über die Wahrheit ersetzen. Deshalb muß es heute für den Menschen in einem religiösen Zusammenhang vollständige *Bekenntnisfreiheit* geben. Die Überzeugung muß ganz individuell sein können, das betont Rudolf Steiner und gibt deshalb für die entstehende Christengemeinschaft den Rat, die Gemeinsamkeit in etwas anderem als in der Überzeugung zu suchen. Das Credo als Glaubensbekenntnis gehört dem Bereich individueller Überzeugung an. Da muß jeder frei sein, das »zu glauben« (credo = ich glaube), was er tatsächlich *glaubt.* Im Credo kann man also nicht die Gemeinsamkeit suchen! Damit scheint das entscheidende Moment kirchlicher Identität hinfällig. Denn der »Glaube«, das um die jeweilige »Theologie« und Weltanschauung erweiterte Credo, war es ja immer und ist es noch, der einzelnen christlichen Gruppen (Kirchen) ihre Identität gab, um die früher große Glaubenskriege geführt wurden. Selbstverständlich gründete sich darauf die Gemeinschaft. Worauf denn sonst könnte sie sich beziehen, wenn nicht auf das Bekenntnis zum Credo und damit verbundener weiterer Glaubenssätze? Wenn alle Gemeinschaft sich auf ein »gediegenes gemeinsames Bekenntnis« gründet, so kann damit für die heutige Zeit dennoch nicht auf das Credo verwiesen sein. Wir haben aber gesehen, daß es sich wesentlich um das *Bekenntnis zum Kultus* handelt, das auf einer Erfahrung gründet. Jeder mag auf eine verschiedene Weise für sich den Kultus erfahren, es gibt aber für diese individuellen Erlebnisse den gemeinsamen Erfahrungsuntergrund: der Kultus ist real, ein geistig Wirkliches lebt in ihm. Was aus diesem Erfahrungsuntergrund als Bekenntnis hervorgeht, nicht so sehr als Bekenntnis in Worten, sondern eher als Bekenntnis in Taten, kann als *gemeinsames* Bekenntnis derer gelten, die auf diese Weise die Gemeinde bilden. Die individuelle Überzeugung in Fragen der Weltanschauung ist von diesem gemeinsamen Bekenntnis nicht berührt.

Früher, vor allem in den ersten urchristlichen Jahrhunderten, war der Inhalt des Credo auch Erfahrung, die vor allem durch den Taufakt (die Taufe heißt noch heute in der Ostkirche *Photismos*, d.i. *Erleuchtung*) eintrat. Da erlebte der Getaufte, so wie Paulus das in seinen Briefen schreibt, wie er *mit* Christus gekreuzigt, *mit* Christus begraben wurde, *mit* Christus auferstand usw. In der noch nachwirkenden Bildfähigkeit des Bewußtseins konnten solche Erlebnisse als Inhalte eines Credo noch wirken, das er anschließend in einer Gemeinschaft mit anderen bekennen konnte, die gleiche Erlebnisse gehabt hatten. Die starke Bildhaftigkeit des alten Credo zeigt noch heute diesen Ursprung.

Das Credo der Christengemeinschaft ist fast vollständig bildlos. Es erfordert eine starke innere Aktivität, um aus seinem Wortlaut tragende Vorstellungen zu entwickeln.[38] In ihm lebt die Essenz dessen, was in einer dem heutigen Bewußtsein entsprechenden Weise über das Christentum erkannt werden kann. Es stammt »aus anthroposophischer Erkenntnis«, ja, ist geradezu ein »anthroposophisches Credo« (Rudolf Steiner) und hat damit geistig einen anderen Ursprung als die Wortlaute des erneuerten Kultus. An ihm zeigt sich das eingangs dieses Kapitels als »widersprüchlich« bezeichnete Element. Denn am Kultus als einem Erkenntnisweg der Gemeinde kann der Einzelne teilhaben, auch ohne daß sein Bewußtsein für diesen Vorgang voll erweckt ist. Es erfährt dieses Bewußtsein aber durch den Kultus eine Anregung. Deshalb entstehen aus dem Erkenntnisweg, den die Gemeinde geht, für den Einzelnen im Verlauf der Zeit individuelle Erkenntnisbedürfnisse und auch individuell gewonnene Erkenntnisse. Er beginnt für den Erkenntnisprozeß der Gemeinde langsam in seinem individuellen Bewußtsein zu erwachen und damit ein *Mit*-Erkennender zu werden, anfänglich ein *Helfer*[39] im Vollzug des Kultus. Dieser Prozeß wird für jeden Menschen eine ganz eigene und vollkommen individuelle Dynamik haben, aber er wird beginnen.

Der Charakter des erneuerten Kultus zeigt sich deshalb auch darin, daß er in seinem Wortlaut *verstehbar* sein muß, und daß er selbstverständlich in der Landessprache zelebriert wird. Der Wortlaut dieses Kultus wird sogar zur Quelle einer neuen Theologie werden können, die aus ihr *abgeleitet* wird. Das bedeutet einen großen Umschwung, bedenkt man, daß der katholische Kultus noch bis zur Mitte unseres Jahrhunderts nur in lateinischer Sprache zelebriert und der Kultuswortlaut, gerade auch in den Veränderungen durch die Jahrhunderte, umgekehrt durchaus von der Theologie abgeleitet und durch sie bestimmt worden ist (Schaffung neuer liturgischer Gebete, Liturgiereformen).

Der Vorgang, der durch den Kultus im einzelnen Menschen beginnt, zielt darauf, die unbewußten Christuserfahrungen in bewußte Erkenntnisse überzuleiten. In diesen kann man den Keim eines Credos sehen, das zunächst ganz den Charakter einer individuellen Überzeugung hat. Jeder Gläubige ist auf diesem Weg zu einer christlichen Überzeugung an einer anderen Stelle. Und doch liegt in dieser christlichen Überzeugung eine Tendenz, über eine nur persönliche Ansicht hinauszuwachsen, um schließlich die erkannte Wahrheit über die Tatsachen des Christentums zu werden. Die Wahrheit ist immer ein zu *erarbeitendes* Ziel, aber als solche schon jetzt *gegeben.*

So hat das neue Credo im Kultus eine Stellung, die eine Polarität in sich enthält. Es ist einerseits in seinem vollen Wortlaut vorgegeben. Wir erkennen den Bereich, in dem die Geister der Form wirken. Auf der anderen Seite wird niemand darauf verpflichtet. Jeder kann es sich nur selbst persönlich erarbeiten und ist darin vollständig frei. Der Bereich der Geister der Persönlichkeit wird hier berührt. Das Credo kann also auch als ein Erkenntnisweg verstanden werden, der *voraussetzungslos* begonnen werden kann, dessen Ziel aber – das erscheint wieder paradox – dennoch als Wortlaut *vorgegeben* ist. Aus dem Erkenntnisweg der Gemeinde wächst so der Erkenntnisweg des Einzelnen heraus. Christliche Kirche und Anthroposophie berühren sich.

## *Die Sakramente*

Eine große Schwierigkeit in der Theologie ist schon immer das Verständnis für die Wirksamkeit der Sakramente als kultischer Handlungen gewesen. Zwei extreme Haltungen sind möglich: Man kann entweder die objektive Wirksamkeit der Sakramente betonen, dann wird man schließlich jeden persönlichen Einfluß der Beteiligten auf das sakramentale Geschehen ausschließen und eine Wirksamkeit der Sakramente ex opere operato, »kraft des Vollzugs« postulieren, unabhängig vom inneren Beitrag etwa des Empfängers der Sakramente oder des Priesters. Dieses hat die katholische Kirche auf dem Konzil von Trient dogmatisiert. Der Gewinn ist die Sicherheit in bezug auf die Sakramente, die durch die Kirche gewissermaßen garantiert werden. So ist auch die verbleibende Minimalforderung an den Priester für die Gültigkeit des Sakramentes, daß er beim Spenden der Sakramente das tun will, »was die Kirche will«.

Die andere Position ist die schließlich von der protestantischen Kirche mehr oder weniger eingenommene: Die Wirksamkeit der Sakramente (als die nur Taufe und Abendmahl gelten) hängt ganz davon ab, welche innere Disposition bei den Beteiligten da ist. Das Sakrament wirkt also durch das, was die Persönlichkeit ihm entgegenbringt.

Diese beiden Positionen scheinen unvereinbar und sich gegenseitig widersprechend. Es lassen sich aber durchaus Gesichtspunkte finden, beide Verstehensmöglichkeiten des Sakraments zu verbinden. Ein Sakrament knüpft an das an, was der Mensch sich *für die Zukunft* selbst erarbeiten will und muß (z. B. mit der Konfirmation das innerlich Mündigwerden oder mit der Trauung die lebenslange Ehe), aber es schafft zugleich *schon jetzt* das geistige Urbild in seiner vollen Realität. Entsprechend gilt für den das Sakrament spendenden Priester, daß innerlich *erarbeitet* werden muß, was dennoch im Vollzug des Kultus – gnadenhaft – *gegeben* ist als die besondere Art, in der der Inhalt der übersinnlichen Welt in dem jeweiligen Sakrament festgehalten wird. Aus dem Zusammenwirken der Geister der Form und der Geister der Persönlichkeit ergibt sich so für die Bewußtseinsseele ein notwendig paradoxales Verständnis der Sakramentenwirksamkeit. Auch gelegentlich auftauchende Fragen, etwa die, inwieweit die Kultus-Realität mit der Verfassung eines Priesters zusammenhängt, können in dieser Richtung ihre Antwort finden.

## *Die Gemeinde*

Das Leben der Gemeinde ruht auf dem gemeinsamen Bekenntnis. Diejenigen, die sich durch ihre eigene innere Erfahrung zum Kultus bekennen, bilden die Gemeinde. So kann das Entstehen der Gemeinde als ein geistig-sozialer Vorgang angeschaut werden. Wir haben aber auch von der Gemeinde gesprochen, die als eine höhere Einheit, eine Individualität, sogar einen Erkenntnisweg geht und dabei die Bewußtseinsmöglichkeiten des Einzelnen weit überragt. Diese Sicht führt uns zum Engel der Gemeinde, zum Gemeindegeist. Fragt man nun: wie entsteht die Gemeinde?, so zeigt der Blick auf das gemeinsame Bekenntnis nur die eine Seite des Vorganges. Die andere Seite erscheint, wenn man versucht zu klären, wodurch sich eine höhere Wesenheit mit einer Gruppe von Menschen verbindet. Hierbei muß berücksichtigt werden, daß es ja verschiedene Gruppen von Menschen geben kann, je nachdem das Verhältnis des Einzel-Ich zur Gruppe (d.h. zum Gruppengeist bzw. zur Gruppenseele) ist. Früher war das Einzel-Ich der Gruppe (z.B. Familie oder Volk) vollständig untergeordnet. Die Gruppe war dadurch stark. Heute ist das Ich immer mehr emanzipiert, eine Gruppen- oder Gemeinschaftsbildung wird dadurch immer schwieriger. Eine neue Art der Gruppen- und Gemeinschaftsbildung muß gefunden werden, die mit dem emanzipierten Ich rechnet. In solchen Gruppen werden *andere* Gruppenseelen als früher wirken. Rudolf Steiner hat von solchen neuen Gruppen gesprochen: »Dadurch, daß die Menschen freiwillig ihre Gefühle zusammenströmen lassen, wird wiederum etwas über den bloß emanzipierten Menschen hinausgebildet. Der emanzipierte Mensch hat seine individuelle Seele; die geht niemals wieder verloren, wenn sie einmal errungen ist. Aber dadurch, daß die Menschen sich in freiwilligen Zusammenhängen zusammenfinden, gruppieren sie sich um Mittelpunkte herum. Die Gefühle, die so zu einem Mittelpunkt zusammenströmen, geben nun wiederum Wesenheiten Veranlassung, wie eine Art von Gruppenseele zu wirken, aber in einem ganz anderen Sinne als die alten Gruppenseelen. Alle früheren Gruppenseelen waren Wesenheiten, die den Menschen unfrei machten. Diese neuen Wesenheiten aber sind vereinbar mit der völligen Freiheit und Individualität der Menschen. Ja, wir dürfen sagen, sie fristen in einer gewissen Beziehung ihr Dasein von der menschlichen Einigkeit; und es wird in den Seelen der Menschen selbst liegen, ob sie möglichst vielen solcher höheren Seelen Gelegenheit geben, herunterzusteigen zu den Menschen, oder ob sie es nicht tun. Je mehr sich die Menschen zersplittern werden, desto weniger erhabene Seelen werden heruntersteigen in das Gebiet der Menschen. Je mehr Zusammenhänge gebildet werden, und je mehr da Gemeinschaftsgefühle bei völliger

Freiheit ausgebildet werden, desto mehr erhabene Wesenheiten werden zu den Menschen heruntersteigen und desto schneller wird der Erdenplanet vergeistigt werden.«[40]

Zwei wesentliche Bedingungen für solche neuen Gruppen sind damit angedeutet: zum einen handelt es sich darum, *freiwillig Gefühle zusammenströmen* zu lassen; dann ist aber zum anderen *Einigkeit* unter den Menschen notwendig. Es liegt im Wesen des Kultus, daß durch ihn das freiwillige Zusammenströmen der Gefühle geschieht, er führt auch auf die innere Einigkeit zu, von der dann das Wesen der Gemeinde als einer erkennenden ausstrahlt. Was hier geschieht und im Wortlaut des Kultus sich ausdrückt, liegt in dem Christuswort (Matthäus 18, 19–20): »Wahrlich, ich sage euch: wenn zwei unter euch einig werden auf Erden, worum sie bitten wollen, so soll es ihnen widerfahren von meinem Vater im Himmel. Denn wo zwei oder drei versammelt sind in meinem Namen, da bin ich mitten unter ihnen.« Es ist die Einigkeit und das auf Christus gerichtete Bewußtsein (»in seinem Namen«), durch das er die Gemeinschaft (»zwei oder drei«) erfüllen kann. Man kann also nicht nur vom Gemeindegeist im Sinne des Engels der Gemeinde sprechen, in einem höchsten Sinn ist es unter bestimmten Voraussetzungen der Christus selbst, der den Gemeindegeist erfüllt. Wenn aber der Christus den Gemeindegeist erfüllt, dann geht von ihm auch eine *Wirkung* aus. Er stärkt die Gemeinde in ihrer Gebetskraft (»worum sie bitten wollen, so soll es ihnen widerfahren«) und es geht von ihm eine höhere einigende Kraft aus. So wird er zum *Führer* der Gemeinde.

Damit ist wieder, ähnlich wie in den vorangehenden Kapiteln, auf eine innere Polarität in der Wirklichkeit der Gemeinde gewiesen. Auf der einen Seite entsteht die Gemeinde ihrer geistigen Wirklichkeit nach nur aus völliger Freiheit der Einzelnen, durch das *freiwillige* Zusammenströmenlassen der Gefühle und durch die menschliche Einigkeit. Auf der anderen Seite wird die so entstehende Gemeinde dann geistig *geführt* auf den Weg der Nachfolge Christi. Freiheit und Geführtwerden sind beide in der erneuerten Kirche die Grundlage der Gemeindeinitiation. Das heißt mit anderen Worten: es ist in ihr ein *demokratisches* und ein *aristokratisches* Element zu sehen. Die Gemeinde atmet zwischen Demokratie und Aristokratie; darin zeigt sich das moderne Mysterienelement in der Kirche.

Die alten Mysterien hatten einen ausschließlich aristokratischen Charakter, »denn die einzelnen Mysterienpriester standen da, und sie verrichteten ja die Opfer für alle übrigen«. Durch das Christentum kommt zu diesem Mysterienprinzip neu das demokratische Element, »denn was die Menschen der neueren Zeit erwerben als dasjenige, was sie eigentlich zu Menschen macht, ist der innere Gedankenbesitz.« Deshalb kommt es darauf an, daß »der eine mit dem anderen ein Gemeinschaftliches erlebt: das Gleichwerden der Menschen gegenüber dem Wesen, das als Sonnenwesen auf die Erde heruntergestiegen ist. Und das ist auch dasjenige, was gerade in den ersten Zeiten der christlichen Entwickelung bis hinein ins vierte Jahrhundert etwa als ganz besonders bedeutsam für das Christentum empfunden worden ist.«[41] Hier zeigt sich wieder, daß das moderne Mysterienelement im Sinne der Bewußtseinsseele in den Frühzeiten des Christentums schon da war. Für unsere Gegenwart weist Rudolf Steiner 1923 im Zusammenhang einer esoterischen Unterweisung auf den »Gegensatz« der im Geistigen notwendigen Aristokratie zur »Demokratie draußen« hin, aber auch, daß beide »wechselweise« erlebt werden müssen.[42] Die erneuerte Kirche hat diesen »wechselweise« demokratischen *und* aristokratischen Mysteriencharakter.

Was in diesem und den beiden vorangehenden Kapiteln angesprochen wurde, hat mit Augustinus zunächst eine ganz andere Entwicklung durchgemacht. Das *Credo* war nicht der Ausdruck der freien individuellen Überzeugung, sondern (ab dem Konzil von Nicäa 325) mußte »geglaubt« werden. So war das Credo seither vorgegeben, das persönliche Erarbeiten seines Inhaltes war für seine Glaub-Würdigkeit nicht wesentlich und bedeutete höchstens eine nachträgliche – und immer unvollkommene – Stütze des Glaubens. Auch die *Sakramente* wurden nur noch so verstanden, daß ihre Wirksamkeit objektiv gegeben war, ex opere operato. Und schließlich verschwand aus der Kirche das *demokratische* Wesen. »Dann haben sich wiederum die alten Mysterienformen von Ägypten herein über das Römertum und nach Westeuropa herauf fortgepflanzt und haben – man möchte sagen – das ursprüngliche Christentum übertüncht und auch in Traditionen eingehüllt, welche wiederum verlassen werden müssen, wenn das Christentum richtig verstanden werden soll. Denn dasjenige Wesen, in das eingekleidet worden ist das Christentum im Römertum, das ist eben durchaus noch *altes* Mysterienwesen.«[43] In all diesen Momenten der christlichen Entwicklung bis zur Neuzeit wirken also die Wesen, durch die das Geistige ausschließlich von außerhalb des Menschen vorgegeben erscheint: die zurückgebliebenen Geister der Form. Die Erneuerung der Mysterien und die Erneuerung der christlichen Kirche ist dann möglich, wenn die Geister der Form mit den Geistern der Persönlichkeit zusammenwirken, die nun das Gedankenleben der Menschen tragen sollen.

# Schlußbemerkung

Wir haben in den vorliegenden Ausführungen nur wenig die Anthroposophie oder die Christengemeinschaft direkt genannt. Das Herz der Anthroposophischen Gesellschaft, die »Freie Hochschule für Geisteswissenschaft am Goetheanum« ist gar nicht erwähnt, ebenso wenig die »Menschenweihehandlung«, das Herz der Christengemeinschaft. Damit soll nicht einer notwendigen Klarheit ausgewichen werden, vielmehr erlaubte es eine größere Freiheit in der Darstellung. Die jeweiligen Beziehungen zur Anthroposophie und Christengemeinschaft überall für sich herzustellen, wird niemandem schwerfallen.

Aufzuzeigen, wie aus dem vorchristlichen Mysterienstrom einerseits der Strom der christlichen Kirche, andererseits der christliche Mysterienstrom hervorgehen als verwandte Ströme, war das Anliegen. Etwa vom 4. Jahrhundert an beginnt die zuletzt radikale Trennung der beiden Ströme. Die *innere* Trennung hängt damit zusammen, daß alte, nicht mehr zeitgemäße Mysterienformen in die Kirche einzogen und damit der Anschluß an die fortschreitenden christlichen Mysterien verloren ging. In der Folge davon erlangte die Kirche *äußere* Macht. Für diese Entwicklung ist Augustinus eine der entscheidenden Gestalten. Die *äußere* Trennung nahm geschichtliche Formen z. T. in der Weise an, daß sogar Verfolgungen von der

Kirche ausgingen gegen Menschen, die aus dem christlichen Mysterienstrom heraus wirkten (z. B. im Prozeß gegen die Templer). Deshalb ist dieser niemals unterbrochene Strom weithin im Verborgenen verlaufen, den meisten Menschen unbekannt.

Heute ist die Zeit gekommen, wo dieser Mysterienstrom aus der Verborgenheit heraustritt. Weil aber die Erneuerung der Mysterien einhergeht mit ihrer Veröffentlichung, ist die Anthroposophie zugleich als Impuls der Kulturerneuerung entstanden. Das bedeutet, daß die Kirche entweder ganz verschwindet oder den Anschluß an die christlichen Mysterien wieder finden muß. Nur von dorther kann ihre Erneuerung kommen. Dieser Impuls lebt in der Christengemeinschaft, womit die innere Trennung der Kirche von der Mysterienströmung aufgehoben ist. Durch den gemeinsamen Mysteriengrund sind deshalb auch Anthroposophie und Christengemeinschaft *verbunden*. Die äußere Trennung aber muß bestehen, weil jeweils ganz verschiedene Aufgaben wahrgenommen werden sollen;[44] das muß klar in Erscheinung treten. Doch wird die äußere Trennung jetzt den Charakter der inneren Verbundenheit tragen können. Darauf deutet auch Rudolf Steiner, wenn er einmal sagt,[45] daß in Gedanken scharf unterschieden werden müsse, was dann in einem Menschen wieder eine Einheit sei.

# Anmerkungen

1 Rudolf Steiner, Das Christentum als mystische Tatsache und die Mysterien des Altertums, GA 8, Dornach $^{8}$1976, S. 109

2 a.a.O., S. 108

3 Rudolf Steiner, Aus der Akasha-Forschung. Das fünfte Evangelium, GA 148, 10.2. 1914, Dornach 1963, S. 191

4 Zu den Ätherarten vgl. Ernst Marti, Die vier Äther, Stuttgart $^{3}$1981

5 Rudolf Steiner, Das esoterische Christentum und die geistige Führung der Menschheit, GA 130, 1.10. 1911, Dornach 1962, S. 97

6 Zu diesem Gesichtspunkt vgl. Rudolf Steiner, Das Johannes-Evangelium im Verhältnis zu den drei anderen Evangelien, besonders zu dem Lukas-Evangelium, GA 112, 6.7. 1909, Dornach 1959, S. 248 ff.

7 Rudolf Steiner, Das Christentum als mystische Tatsache und die Mysterien des Altertums, GA 8, Dornach $^{8}$1976, S. 108

8 Rudolf Steiner, Theosophie. Einführung in übersinnliche Welterkenntnis und Menschenbestimmung, GA 9, Dornach $^{30}$1978, S. 20

9 Rudolf Steiner 1921 im Zusammenhang der Vorbereitung auf die Begründung der Christengemeinschaft.

10 Rudolf Steiner, Das Christentum als mystische Tatsache, Berlin [1]1902, S. 137. Vgl. 8. Auflage, Dornach 1976, S. 168

11 Rudolf Steiner, Das Christentum als mystische Tatsache und die Mysterien des Altertums, GA 8, Dornach [8]1976, S. 108

12 a. a. O., S. 107

13 Rudolf Steiner, Das Christentum als mystische Tatsache, Berlin [1]1902, S. 87

14 s. Anm. 12

15 Einige Beispiele sind: Rudolf Steiner, Vor dem Tore der Theosophie, GA 95, 3. und 4. 9. 1906; Ursprungsimpulse der Geisteswissenschaft. Christliche Esoterik im Lichte neuer Geist-Erkenntnis, GA 96, 20. 10. 1906; Die Theosophie des Rosenkreuzers, GA 99, 6. 6. 1907; Das Johannes-Evangelium, GA 103, 30. und 31. 5. 1908

16 Als Beispiel mag folgendes Zitat gelten. In: Rudolf Steiner, Das Christentum als mystische Tatsache, Berlin [1]1902, S. 138:

»Durch solche Gesinnung ist Augustinus vorbildlich geworden für alle, die sich, von einem höheren Geiste beseelt, zu Gliedern der christlichen Kirche machen wollten. Er wurde der maßgebende Kirchenvater. Er war Myste durch die Natur seiner Persönlichkeit: und die Kirche erklärte er zu dem Tempel, innerhalb dessen die ›Einweihung‹ zu empfangen ist. Die Kirche wurde der Umweg, auf dem man von der Menschenseele aus zum Göttlichen gelangen konnte. Nicht ein persönliches Erlebnis wurde von denen gesucht, die von seiner Gesinnung beseelt waren. Sondern das persönliche Bedürfnis fand seine Befriedigung, indem es untertauchte in den von der Kirche bewahrten göttlichen Wahrheitsschatz: ›Welche Wonne und welch dauernder Genuß des höchsten und wahren Gutes sich nun darbietet, welche Heiterkeit, welcher Anhauch der Ewigkeit, wie soll ich das sagen? Es haben dies gesagt, soweit es sich eben sagen läßt, jene großen, unvergleichlichen Seelen, denen wir zusprechen, daß sie geschaut haben, und noch schauen... Wir erreichen einen Punkt, in dem wir erkennen, wie wahr das ist, was uns zu glauben geboten wurde, und wie gut und heilbringend wir bei unserer Mutter, der Kirche, auferzogen worden sind, und welches der Nutzen jener Milch war, die der Apostel Paulus den Kleinen zum Tranke gab...‹ Entrückt war damit das Göttliche dem unmittelbaren persönlichen Erlebnisse. Mochte der Einzelne sich noch so sehr in sich vertiefen: das Göttliche, das er in sich finden konnte, war doch nur ein irdischer Abglanz desjenigen Göttlichen, das die Kirche als ewige, göttliche Wahrheit lehrt.«

17 Rudolf Steiner, Das Christentum als mystische Tatsache und die Mysterien des Altertums, GA 8, Dornach [8]1976, S. 169

18 a. a. O., S. 128

19 Rudolf Steiner, Die Theosophie des Rosenkreuzers, GA 99, Dornach 1962, S. 152

20 Rudolf Steiner, Das Johannes-Evangelium, GA 103, Dornach 1962, S. 204

21 Rudolf Steiner, Das Christentum als mystische Tatsa-

che und die Mysterien des Altertums, GA 8, Dornach $^{8}$1976, S. 109f.

22 a. a. O., S. 108

23 Rudolf Steiner, Grundlinien einer Erkenntnistheorie der Goetheschen Weltanschauung, GA 2, Dornach 1979, S. 39

24 a. a. O., S. 28

25 a. a. O., S. 47

26 Rudolf Steiner, Die Philosophie der Freiheit, GA 4, Dornach 1962, S. 49

27 Rudolf Steiner, Grundlinien einer Erkenntnistheorie der Goetheschen Weltanschauung, GA 2, Dornach 1979, S. 43

28 Rudolf Steiner, Die Impulsierung des weltgeschichtlichen Geschehens durch geistige Mächte, GA 222, vor allem 16. bis 18. 3. 1923. Zu diesem Thema vgl. auch: Die sozialen Grundforderungen unserer Zeit – In geänderter Zeitlage, GA 186, 20. 12. 1918; Wie kann die Menschheit den Christus wiederfinden? Das dreifache Schattendasein unserer Zeit und das neue Christus-Licht, GA 187, Vorträge 28. 12. 1918 bis 1. 1. 1919

29 Rudolf Steiner, Die Impulsierung des weltgeschichtlichen Geschehens durch geistige Mächte, GA 222, Dornach 1966, S. 74

30 a. a. O., S. 64

31 Rudolf Steiner, Das Christentum als mystische Tatsache und die Mysterien des Altertums, GA 8, Dornach $^{8}$1976, S. 169

32 Rudolf Steiner, Grundlinien einer Erkenntnistheorie

der Goetheschen Weltanschauung, GA 2, Dornach 1979, S. 66f.

33 Rudolf Steiner, Esoterische Betrachtungen karmischer Zusammenhänge Bd. II, GA 236, 27.6. 1924, Dornach 1973, S. 284

34 Die Unterscheidung mit ihren lateinischen Begriffen geht auf Papst Innozenz III. zurück, der sie 1202 in einem Brief an den Erzbischof Johannes von Lyon vornahm. Vgl. B. Piault, Was ist ein Sakrament? Aschaffenburg 1964

35 Rudolf Steiner, Grundlinien einer Erkenntnistheorie der Goetheschen Weltanschauung, GA 2, Dornach 1979, S. 47

36 Weiteres zur Frage, wie das Evangelium heute innerhalb des Kultus in neuer Weise lebt, findet sich bei Hans-Werner Schroeder, Das Evangelium im Jahreslauf. Eine Herausforderung unseres Bewußtseins, Stuttgart 1988

37 Zum Credo der Christengemeinschaft sei hier auf folgende Literatur verwiesen: Adolf Müller/Arnold Sukkau, Werdestufen des christlichen Bekenntnisses, Stuttgart 1974; Hans-Werner Schroeder, Das christliche Bekenntnis. Ein Übungsweg, Stuttgart 1982; Kurt von Wistinghausen, Das neue Bekenntnis, Wege zum Credo, Stuttgart 1983

38 Hier gibt vor allem wertvolle Anregungen Hans Werner Schroeder, Das christliche Bekenntnis. Ein Übungsweg, Stuttgart 1982

39 Zum Begriff »Helfer« (bzw. »Rater und Helfer«) vgl.: Rudolf Steiner, Das Verhältnis der Sternenwelt zum

Menschen und des Menschen zur Sternenwelt. Die geistige Kommunion der Menschheit, GA 219, 30.12. 1922, Dornach 1955, S. 170

40 Rudolf Steiner, Das Hereinwirken geistiger Wesenheiten in den Menschen, GA 102, 1.6. 1908

41 Rudolf Steiner, Das Verhältnis der Sternenwelt zum Menschen und des Menschen zur Sternenwelt. Die geistige Kommunion der Menschheit, GA 219, 23.12. 1922, Dornach 1955, S. 129

42 Rudolf Steiner, Zur Geschichte und aus den Inhalten der erkenntniskultischen Abteilung der Esoterischen Schule von 1904 bis 1914, GA 265, Dornach 1987, S. 462 und 479

43 s. Anm. 41

44 Zu den Verschiedenheiten der Aufgabe vergleiche man z. B. den Anfang des ersten Anthroposophischen Leitsatzes: »Anthroposophie ist ein Erkenntnisweg, der das Geistige im Menschenwesen zum Geistigen im Weltall führen möchte...« (Rudolf Steiner, Anthroposophische Leitsätze, GA 26, Dornach 1962, S. 14) – mit dem, was Rudolf Steiner über die Bedeutung der christlichen Gemeindebildung (in: Rudolf Steiner, Das Christentum als mystische Tatsache und die Mysterien des Altertums, GA 8, Dornach [8]1976, S. 117f.) schreibt: »Wie ein Alp mußte es auf Jesu Gemüt gelastet haben, daß unter den Außenstehenden doch viele sein können, die den Weg nicht finden. Die Kluft zwischen Einzuweihenden und ›Volk‹ sollte weniger groß sein. Das Christentum sollte ein Mittel sein, durch das jeder den Weg finden konnte. Ist er nicht reif dazu, so

ist ihm wenigstens nicht die Möglicheit abgeschnitten, daß er in einer gewissen Unbewußtheit der Mysterienströmung teilhaftig werde. ›Der Menschensohn ist gekommen, zu suchen und selig zu machen, was verloren ist.‹ Etwas genießen können von den Früchten der Mysterien sollten auch fortan diejenigen, welche nicht an der Einweihung noch teilnehmen können.«

45 Rudolf Steiner in einer Aussprache mit Priestern 1923